AF226498

MESSIEURS LES SOCIALISTES

UNE SOLUTION

S'IL VOUS PLAIT

—

2me Lettre aux Ouvriers

PAR

AMÉDÉE GRATIOT

DIRECTEUR DE LA PAPETERIE D'ESSONNE

—

Prix : 25 c.

—

PARIS

GUILLAUMIN ET Cie, LIBRAIRES-EDITEURS

14, RUE RICHELIEU

Et chez tous les Libraires.

—

1848

MESSIEURS LES SOCIALISTES

UNE SOLUTION

S'IL VOUS PLAIT.

Imprimerie de GUSTAVE GRATIOT, 11, rue de la Monnaie.

MESSIEURS LES SOCIALISTES

UNE SOLUTION

S'IL VOUS PLAIT

—

2me Lettre aux Ouvriers

PAR

AMÉDÉE GRATIOT

DIRECTEUR DE LA PAPETERIE D'ESSONNE

———

PARIS

GUILLAUMIN ET Cie, LIBRAIRES-ÉDITEURS

14, RUE RICHELIEU

Et chez tous les Libraires.

—

1848

MESSIEURS LES SOCIALISTES

UNE SOLUTION

S'IL VOUS PLAIT

2me Lettre aux Ouvriers

I

Le canon a cessé de tonner par la ville. La fusillade s'éteint. On lave le sang.

Jetons un voile sur ces quatre jours, sur cette guerre de sauvages, qui sera la honte de notre époque, l'éternel opprobre de la France.

Deux ou trois mille Français sont morts assassinés, non pas par des Cosaques, mais par des Français; non pas sur la terre étrangère, non pas en rase campagne, mais à Paris, dans la capitale du monde civilisé, à bout portant, de rue à rue, de porte à porte, de fenêtre à fenêtre.

Ceux qui ont déclaré à leurs concitoyens cette guerre impie, avaient écrit sur leur drapeau :

Socialisme.

Qu'est-ce donc que le Socialisme ?

II

Laissons ce passé (car c'est déjà le passé!). S'il est funeste, prenons garde que le présent soit plus funeste que le passé, l'avenir plus funeste que le présent.

Les trois mois de misère que le peuple avait mis au service de la République, sont expirés depuis un mois.

Et cependant, le peuple a toujours faim.

Qui donc donnera du pain au peuple?

Le Socialisme.

Quoi! On s'égorge au nom du Socialisme, et c'est le Socialisme qui calmera toutes les faims, qui sèchera toutes les larmes, qui guérira toutes les blessures!

Encore une fois, qu'est-ce donc que le Socialisme?

III

Nous sommes en France cinq ou six mille chefs d'industrie, maîtres de forges, directeurs de mines, filateurs de soie, de laine, de coton ou de lin, constructeurs de machines, imprimeurs, fabricants de toute espèce de choses, gérants de toute espèce d'usines ; qui avons, depuis trente ans, consacré nos jours et nos nuits, notre intelligence, notre activité, notre fortune, celle de nos enfants, celle de nos amis, celle de nos créanciers souvent, à nourrir par le travail douze millions de Français, qui, avant nous, mouraient de faim dans leurs villages. Nous avons utilisé toutes les richesses perdues de notre pays. Nous avons dompté le cours des fleuves et creusé les profondeurs de la terre, pour y conquérir des moteurs puissants, qui, affranchissant l'homme du rôle de bête de somme, qu'il avait rempli jusque-là, l'ont élevé au rôle de travailleur intelligent et libre.

La France s'est couverte d'usines et de manufactures. Le besoin de transactions nouvelles, inconnues jusqu'alors, a fait tracer des routes et creuser des canaux. La marine française, qui se mourait dans les ports de guerre, s'est élancée, brillante et rajeunie, des ports de commerce, pour aller répandre jusqu'au bout du monde nos produits, notre luxe, notre goût, notre civilisation. A l'intérieur, le taux des salaires s'est accru. Pas un bras n'est resté inoccupé. Le peuple, mieux nourri, mieux logé, mieux vêtu, a vu se développer son intelligence et croître son bien-être. Pour si peu qu'il eût d'instruction, de zèle, d'activité, le simple ouvrier est devenu chef; le chef, contre-maître; le contre-maître, patron.

Sur six mille, nous sommes quatre mille cinq cents dont c'est l'histoire. Puis, une fois arrivés, nous n'avons pas oublié ceux que nous avions laissés en route. Nous avons créé des écoles, des salles d'asile, des crèches, pour les enfants; des ouvroirs, pour les femmes; des chauffoirs, pour les vieillards. Quand nous sommes nés, un homme sur mille savait épeler un livre et signer son nom. Aujourd'hui, sur cent enfants, quatre-vingt-dix savent lire, écrire, compter, et connaissent l'histoire et la géographie de leur pays.

Tout cela, est-ce donc si peu ?

Marchant de progrès en progrès, et comprenant, dans le fond de notre cœur, qu'il y avait encore beaucoup à faire pour le peuple, nous en étions là de notre tâche, lorsque, le 24 février 1848, un cri s'est élevé jusqu'à nous : La République est proclamée !

Nous étions tous du peuple. Tous, nous avions commencé par la bêche, la lime ou le marteau. Nous allions donc répondre à ce cri, lorsqu'une voix étrange s'est fait entendre, qui disait : Vive la République *sociale!*

A cette voix, les ateliers se sont fermés. La charrue, la forge, la machine, l'établi, la presse, le métier, le puits, le fourneau ont été abandonnés.

Voyant cela, nous demandâmes ce que c'était que la République sociale.

Voici ce qu'on nous répondit :

Depuis trop longtemps, vous exploitez les ouvriers, vos frères. Le salaire de 3, 4, 5, 6, 7 et 8 francs par jour que vous leur donnez, et qu'ils ne gagnent pas toujours, est une aumône indigne et dont ils ne veulent plus. A l'avenir, ceux qui n'ont rien s'associeront avec ceux qui ont quelque chose, et ils prendront leur part dans les bénéfices. Seulement, ils consentent à ne prendre aucune part dans les pertes. Comme le peuple n'a pas assez de temps le dimanche, le lundi, le mardi souvent, et tout le reste de la semaine, pour fréquenter les cabarets, dissiper son argent, ruiner sa santé, le nombre des heures de travail sera diminué. Par compensation, on élèvera le taux des salaires. Comme il faut que le peuple ait la vie à bon marché, on s'arrangera pour augmenter le prix de toutes choses.

Voilà ce que c'est que la République sociale.

Ceux qui prêchent ces belles choses, s'appellent les Socialistes. Ce sont de grands génies.

— On s'en aperçoit. Mais puisque ces grands génies s'occupent ainsi des salaires, du travail, des ouvriers, ce sont sans doute des ouvriers eux-mêmes ? Ils ont vécu dans les ateliers ?

— Non. Mais, qu'importe ? Ils savent tout d'instinct, et le résumé de leurs immenses travaux s'appelle l'organisation du travail.

Un grand mot ! Une idée superbe ! L'organisation du travail ! Diable ! Mais, avant ces messieurs les Socialistes, le travail n'était donc pas organisé en France ? Voyez comme nous étions ignorants !

Nos belles usines, nos grandes manufactures, nos immenses exploitations de chemins de fer et de mines ; l'agriculture, qui faisait chaque jour tant de progrès ; nos associations de capitaux pour exécuter, avec la fortune réunie de deux cent mille, ce qu'on n'aurait pu exécuter avec la fortune d'un seul ; nos écoles, nos salles d'asile, nos crèches, nos caisses d'épargne, nos caisses de secours, toutes ces institutions que nous avions fondées et que nous entretenions, sans qu'il en coûtât un sou à l'État ; rien de tout cela n'était organisé ! Voyez un peu ce que c'est que de passer sa vie à travailler sans relâche, obscurément, au fond de sa province, dans le silence de son atelier, au milieu des ouvriers dont on est le père et le bienfaiteur ! On ne se doute de rien. On croit qu'on a été utile, qu'on a fait du bien, qu'on a soulagé des misères, et qu'on aura droit, en mourant, à la reconnaissance des familles auxquelles on a su donner, pendant le cours d'une vie longue et pénible, du pain et du travail. Du travail ! Erreur ! Sottise ! Pauvres bourgeois, le travail que vous donniez n'était pas *organisé !*

On lutte trente ans, quarante ans, cinquante ans, à travers toutes les crises et toutes les révolutions, en risquant vingt fois de compromettre son nom par une faillite imméritée, mais qui n'en déshonore pas moins; on élève ses fils dans la crainte de Dieu, dans le respect de la loi, dans l'amour du travail, et l'on se dit : A défaut de fortune, je leur laisserai au moins ma filature, mon moulin, ma papeterie, ma ferme.

Point! Point! Messieurs les Socialistes, comme Sganarelle, ont changé tout cela. *Maintenant, le cœur est à droite.* Maintenant, l'ouvrier doit posséder les instruments de son travail, même quand ils ne lui appartiennent pas, même quand il ne les a pas gagnés. En outre de son salaire, il lui faut sa part sur les bénéfices. Car, à l'avenir, toute entreprise donnera du bénéfice; aucune, de la perte. Ce qu'il en restera, sera pour le patron et pour le capital. On n'est même pas d'accord pour savoir si le capital a droit à un intérêt. — *Adhuc sub judice lis est.* — Les uns disent oui, les autres disent non. Il y en a même qui suppriment le capital. C'est une manière comme une autre de trancher la question. Mais, que voulez-vous? Il y a socialiste et socialiste. Leurs écoles sont comme les étoiles, innombrables.

Fouriérisme,

Communisme,

Saint-Simonisme,

Néo-Christianisme,

Égalitairisme,

Proudhonisme,

Que sais-je? C'est à faire pâmer d'aise, c'est à remplir le cœur de joie, de penser quelle somme de bonheur ces gens-là vont répandre, sur la terre en général, et sur la France en particulier !

Nous sommes ainsi, nous autres Gaulois. Rien avec mesure. Il naît un Socialiste, le lundi ; le samedi, il y en a vingt. Les Socialistes sortent de dessous les pavés. On ne voit que Socialistes, on n'entend que Socialistes. Aussi, qu'en arrive-t-il ? L'Angleterre, cette éternelle rivale de toutes nos industries, voyant que la marchandise a du débit en France, se hâte d'importer du Socialisme chez nous. Robert Owen débarque à Boulogne ou au Hâvre, franco, sans payer de droits, et, avec ses systèmes anglo-américains, qu'il offre à moitié prix, il vient faire concurrence à M. Cabet !

Ah! M. Goudchaux, dans la loi de douane que vous préparez, ayez bien soin, si vous avez à cœur de sauver ce pauvre Socialisme indigène, qui déjà ne bat que d'une aile ; ayez bien soin de frapper le Socialisme étranger d'un bon droit protecteur !

IV

Mon Dieu, quelles intelligences étroites et arriérées nous étions, nous autres usiniers, fabricants, industriels, nous qui accomplissions péniblement tant de sacrifices, pour pouvoir donner à nos ouvriers le pain de chaque jour ! Nous qui enfouissions tant de capitaux dans nos usines pour procurer à notre village un peu d'aisance et de bien-être ! Détruire la pauvreté sans dépenser un sou, supprimer la misère sans délier sa bourse, construire des usines, fonder des manufactures, créer des chemins de fer, sans toucher à sa propre fortune, sans recourir aux capitaux de ses amis, cela est si facile ! L'État n'est-il pas là ? L'État ne doit-il pas à tous les instruments de travail ? L'État paiera. L'État rachètera les chemins de fer. L'État s'emparera des assurances.

L'État se fera entrepreneur, mécanicien, marchand. Il fondera des ateliers nationaux. Et que feront ces ateliers nationaux ? — Rien. Si, je me trompe, ils feront des révolutions, ils s'armeront pour le désordre et le pillage, ils ensanglanteront la ville. — Mais qui donc les paiera ? — L'État, parbleu. — Toujours l'État ! Mais l'État est obéré, mais l'État ne paie pas ses dettes. — Il en contractera de nouvelles ! — Moyen sublime de faire face aux anciennes, et qui nous conduira tout droit au milliard de Barbès. Qui sait même si ce milliard pourra suffire ?

Heureux Socialistes ! D'un mot, d'un trait de plume, ils peuvent faire le bonheur des peuples. Ils ouvrent la bouche, et la misère est supprimée (avec l'argent de l'État, bien entendu !). Ils écrivent quatre lignes, et il n'y a plus de pauvres (que les riches pourtant, qui le deviendront à leur tour). On travaille encore, mais très peu, et ce travail rapporte beaucoup. Lisez plutôt leurs livres. Il est vrai que leurs livres ne s'accordent guère. Chacun a son moyen, sa panacée, son système. Qu'importe ? puisque chacun de leurs systèmes est *le meilleur*. Le bourgeois imbécile ouvre de grands yeux, et ne comprend pas que les générations qui l'ont précédé aient été assez bêtes pour se passer de l'organisation du travail. Cela est-il possible? Et comment le monde a-t-il pu durer jusque-là ? C'est si simple ! C'est si beau ! Quel malheur que tous les Socialistes ne soient pas d'accord ! Nous serions sauvés. Ah ! Messieurs les Socialistes, vous qui avez tous un moyen différent de sauver la France, le moment est venu, tâchez de vous entendre. Si vous ne vous entendez pas, nous vous en supplions, tirez au doigt mouillé à qui la sauvera !

Seulement, hâtez-vous. Le temps presse. Le crédit est perdu, le commerce anéanti, l'industrie épuisée. Nos forges, nos filatures, nos mines, nos fonderies, sont veuves de commandes, et demain elles seront désertes d'ouvriers. La misère a passé son niveau sur la France. Nous sommes tous perdus si le Socialisme ne consent pas à nous sauver. A l'ouvrage donc, Socialistes. La vieille société disparaît. Les titres de noblesse sont abolis. La féodalité financière est ruinée. Toute puissance, qu'elle vienne du sabre, de la naissance ou de l'argent, est anéantie. Rien ne reste plus de l'ancienne France. Quel merveilleux moment pour refaire une société nouvelle, appliquer vos systèmes, organiser le travail, la propriété, la banque, le crédit, la France tout entière !

1...

A l'œuvre ! à l'œuvre !

Vous vous êtes, jusqu'à ce jour, apitoyés sur toutes les misères. Vous avez mis le doigt sur toutes les plaies. Vous avez décrit, en termes élégiaques, toutes les infortunes. Mais ces infortunes, ces plaies, ces misères, vous n'avez pas encore enseigné un moyen praticable pour les guérir. Vous avez supputé, en sortant de table, après un bon dîner, le nombre des pauvres diables qui ne dînent pas tous les jours. Mais vous n'avez pas encore partagé votre superflu avec ceux qui manquent du nécessaire; vous n'avez pas encore retranché un plat de votre table pour le donner à ceux qui ont faim. Vous avez calculé sur vos doigts, au dessert, entre la poire et le fromage, qu'un tiers de la France au moins ne mange jamais de viande et qu'un autre tiers n'en mange guère que deux fois par mois. Mais vous n'avez pas encore indiqué le moyen de tripler la production du bétail en France. Vous n'avez encore pris ni la charrue, ni la herse, ni la houlette, et je ne vois sur vos poitrines aucune médaille obtenue dans les comices agricoles de nos départements. C'est assez de statistiques comme cela, Messieurs. Le moment des descriptions est passé : le moment de l'action et des sacrifices est venu. Vos préfaces sont touchantes, vous pleurez admirablement, mais ce ne sont plus des préfaces ni des larmes qu'il nous faut aujourd'hui, ce sont des solutions pratiques.

M. Considérant, une solution, s'il vous plaît.

M. Pierre Leroux, une solution, s'il vous plaît.

M. Proudhon, une solution, s'il vous plaît.

M. Cabet, une solution, s'il vous plaît.

M. Olinde Rodrigues, une solution, s'il vous plaît.

Socialistes bleus, blancs, rouges, verts, de toutes les couleurs, de tous les systèmes, de toutes les écoles, une solution, s'il vous plaît !

Imitez M. Louis Blanc, votre confrère, un grand homme. Lui, au moins, il n'a pas reculé devant la révélation des choses plus ou moins sublimes que son génie avait rêvées. Vous l'avez tous entendu. Vous avez tous lu les magnifiques discours qu'il se prononçait à lui-même, il y a trois mois, du haut de la tribune du Luxembourg, sur la question du travail. Quelle éloquence ! quelle persuasion ! Comme il a répandu, sur ces pauvres ouvriers ébahis et qui n'avaient jamais entendu chose pareille, les promesses séduisantes d'un avenir merveilleux ! Et comme cette éloquence a porté ses fruits ! Et comme ces promesses se sont réalisées ! L'industrie luttait encore, elle avait encore du travail, mais, quand elle offrait ce travail, les cohortes qui sortaient du Luxembourg lui répondaient fièrement : Plus d'exploitation de l'homme par l'homme. Alors, en moins d'un mois, toutes nos industries sont tombées en grève. Nos ateliers se sont fermés. Nos acheteurs se sont enfuis. La banqueroute a cloué nos noms au pilori des tribunaux de commerce. Le désespoir est entré dans toutes les âmes. La France aux abois en est venue à douter de la République. Et les ouvriers (non pas tous, mais un grand nombre), des hommes que nous avions connus honnêtes, sages, laborieux, nos frères, nos compagnons, que le travail faisait vivre, quand le travail n'était pas *organisé* encore ; aujourd'hui, ces mêmes ouvriers, mourant de faim, dégradés par la misère, s'enivrant de l'émeute, et perdant la conscience de leur dignité d'homme, s'en vont aux carrefours crier, suivant qu'on les paie : Vive Barbès ! un niais. — Vive Blanqui ! un fou. — Vive Louis Napoléon ! cette monnaie sans valeur marquée à l'effigie d'un grand homme.

Socialistes, Socialistes, puisque vous avez fait tout ce mal, réparez-le. Dieu vous accorde encore un jour, un mois peut-être. Puisque vous avez la main pleine de vérités, ouvrez cette main. Puisque vous avez reçu la révélation d'en haut, ne vous contentez plus de parler et d'écrire, agissez. Donnez l'exemple. Ne restez pas dans la chaire, comme des prédicateurs inutiles, mais descendez dans la rue, mettez-vous en tête du bataillon sacré, et partez pour cette nouvelle croisade qui doit changer la face du monde et régénérer l'humanité. Ceux d'entre vous qui ne le feront pas seront des lâches, et la France aura le droit de les maudire, car, après avoir causé le mal, ils auront été impuissants à nous apporter le remède.

Socialistes, toutes nos ruines, toutes nos misères, toutes nos dégradations, un si beau pays gaspillé, un si grand peuple perverti, la République reniée, l'Angleterre triomphante ; tout cela, Socialistes, depuis quatre mois, c'est à vos prédications, c'est à vos doctrines, c'est à vos clubs, c'est à vos journaux que nous le devons. Malheur donc sur vous, si demain vous ne sauvez pas la France ! Malheur sur vous si demain vous n'apportez pas au peuple la formule qui doit le régénérer ! Malheur sur vous, si demain vous ne révélez pas la conclusion des problèmes terribles que vous avez proposés au pays ! Malheur sur vous surtout si vous n'êtes que des ambitieux de renommée et des affamés de pouvoir, qui vous servez de l'ignorance du peuple pour le conduire à la misère, comme Napoléon se servait de sa vanité pour le conduire à la gloire ! — Car, voyez-vous, messieurs, nul n'a le droit de jouer, comme vous l'avez fait, avec le bonheur de tout un peuple, avec le sang de toute une nation, avec la fortune de tout un pays, surtout quand ce pays s'appelle la France !

Une dernière fois donc, nous vous en conjurons tous, concluez ! concluez ! Au nom de ce peuple sans ouvrage qui encombre aujourd'hui les rues ; au nom de ces hommes affamés que votre parole a séduits, et qui tendent vers vous les mains, comme pour la délivrance, Christ de la foi nouvelle, si vous êtes vraiment les fils de Dieu, laissez tomber de votre lèvre inspirée la parole de vie qui doit nous sauver tous. Associations, phalanstères, colonies agricoles, émigrations, communauté de biens, tout, oui, tout, nous sommes prêts à l'accepter, si le bonheur de l'humanité est là. Notre sang, nous vous le donnerons ; nos richesses, nous les partagerons ; nos usines seront à tous ceux qui travaillent ; nos terres, à tous ceux qui ont faim ; mais il faut que vous nous prouviez d'abord, non par des paroles mais par des faits, que notre sang répandu pourra servir à quelqu'un ou à quelque chose ; que nos richesses partagées entre tous ne seront pas perdues pour tous ; que la division ne sera pas la misère ; l'association, la paresse.

Nous vous traduisons donc aujourd'hui à la barre d'un tribunal auguste, celui de l'humanité, et nous vous disons : Le monde vous regarde, la France vous écoute. Répondez !

V

Vous, Représentants du peuple, vous, les 900 que des millions de suffrages ont choisis entre tous pour donner enfin à la France une constitution qui lui assure la liberté, l'ordre, le progrès, le bonheur; vous êtes les juges de ces hommes. Ils sont devant vous. Ce sont de grands coupables ou des bienfaiteurs sublimes. Par le sang qui vient de couler dans nos rues, par nos frères morts, par les larmes de nos veuves et de nos orphelins, nous vous en conjurons : écoutez ces hommes Qu'ils ne puissent pas se renfermer vaniteusement dans leur incapacité ou dans leur folie, en disant : On ne nous a pas compris. Qu'ils ne puissent pas se draper dans l'orgueil de leur silence, en disant : On a étouffé notre voix. Qu'ils ne puissent pas se pavaner dans la proscription, en disant : On nous a refusé les moyens de faire le bonheur de la France.

Représentants du peuple, nous sommes ruinés, perdus, écrasés d'impôts. Le morceau de pain que nous donnons aujourd'hui encore à nos ouvriers, nous ne savons pas si nous ne serons pas forcés d'aller le mendier nous-mêmes, demain, pour nos enfants ; eh ! bien, dussions-nous gratter la terre de nos ongles, tourner la roue de notre main, courber nos épaules sous le faix, recommencer notre vie enfin et la recommencer par en bas ; nous vous en supplions, donnez à ces hommes le dernier million de la France, et laissez leur choisir parmi les usines, les terres, les forêts de l'État, celles qui leur seront nécessaires pour l'expérimentation de leurs systèmes.

Que M. Considérant puisse fonder un phalanstère modèle dans n'importe quel département de la France.

Que M. Pierre Leroux puisse constituer une colonie agricole en Algérie.

Que M. Louis Blanc organise le travail et l'égalité des salaires dans la magnifique usine d'Indret, ou dans toute autre, à son choix.

Que M. Proudhon mette à exécution sa banque d'échange.

Que M. Cabet lui-même ait une île entière, s'il le faut, pour réaliser, d'une manière complète, son communisme Icarien.

Que rien ne leur manque, ni l'argent, ni les hommes ; ni la terre, ni les bras ; ni la protection, ni la sympathie. Que l'univers entier soit attentif à ce que ces hommes vont faire, et si c'est le bonheur qui va tomber de leur main entr'ouverte, que toute créature humaine ait le droit d'en ramasser sa part.

Si ces hommes réussissent, leurs noms seront inscrits en lettres d'or sur les marbres du Panthéon ; le peuple régénéré ploiera le genou devant eux ; et le président de l'Assemblée Nationale, au nom de la France sauvée, pourra leur dire : Vous êtes vraiment les fils de Dieu !

Mais si ces hommes ont menti ; mais si ces hommes ont impudemment trompé le peuple ; mais si ces hommes ont égaré ceux qui souffraient, par des théories impossibles à réaliser ; mais si ces hommes ont promis, à ceux qui avaient faim, le pain qu'ils ne pouvaient pas leur donner ; mais si ces hommes ont dépeuplé les ateliers, perverti la nation, ruiné la France ; que Bicêtre ait un cabanon pour chacun d'eux, et que le président de l'Assemblée Nationale puisse se lever à la face du monde, et dire : Ces hommes sont fous !

VI

Vous, Ouvriers, pauvres êtres déshérités à qui Dieu a promis le royaume du ciel, parce qu'il savait bien, lui, que le bonheur n'est pas de ce monde, et que l'homme est sur cette terre pour y travailler et pour y souffrir; écoutez la voix d'un frère qui vous supplie et qui vous adjure. On vous perd, on vous égare. On fait flamboyer devant vos yeux éblouis des mensonges séduisants qui vous arrachent au travail et qui vous conduisent au vice. On vous dit que vous êtes les maîtres, parce qu'on veut faire de vous les esclaves de quelque chose ou de quelqu'un. On vous dit que tout vous appartient, parce qu'on veut faire de vous des voleurs. On sait que vous êtes vigoureux et forts, on vous compte, on voit que vous êtes nombreux, et voilà que vous servez de marche-pied à toutes les ambitions. Peuple, secoue l'épaule, et jette à terre tous ces prétendants.

Pauvres ouvriers, depuis que vous fréquentez ces clubs démagogiques qui vous soufflent au cœur toutes les passions mauvaises, ne voyez-vous pas que vous ne mettez plus les pieds aux églises qui vous consolaient ? Depuis que vous lisez ces journaux incendiaires, qui jettent le trouble dans votre esprit et la haine dans votre âme, ne vous apercevez-vous pas que vous êtes moins bons, moins généreux, moins honnêtes ; que vous aimez moins votre femme et vos enfants ; que vous vous plaisez moins au foyer domestique, qui faisait jadis votre joie ; que vous perdez l'habitude de ces douces promenades du dimanche, où vous vous en alliez, en famille, hors des murs, à travers les champs, prendre du grand air, du soleil et du bonheur pour toute la semaine ? Ne sentez-vous pas que vos bras s'énervent, que l'amour du travail vous quitte, que le contentement de vous-même s'amoindrit ? Il y a quelques mois encore, l'atelier était la règle : le cabaret, l'exception. Aujourd'hui, l'exception, c'est l'atelier. Vous êtes le noyau de toutes les émeutes. Vous devenez l'appoint de toutes les conspirations. Quand on a besoin d'un mouvement populaire, n'importe pour qui, on vous dit de crier : J'ai faim ! et quand on vous arrête, c'est de l'or qu'on trouve dans vos poches.

Ah ! vous êtes bien aveugles, ou plutôt vous êtes bien malheureux, de servir ainsi d'instruments à toutes les cupidités, à toutes les sottises, à toutes les utopies. C'était bien assez de vos misères réelles, sans qu'on vînt encore grandir ces misères à vos yeux, au lieu de les consoler ; sans qu'on vînt vous mettre en révolte ouverte contre cette société qui faisait tous ses efforts pour alléger vos peines et pour augmenter votre bien-être !

Mon Dieu, mais cette société, que l'on veut vous apprendre à maudire, n'a-t-elle donc rien fait pour vous ? N'avez-vous pas, pour vos enfants, le jour, — pour vous, le soir, après l'atelier, — des écoles, des cours de chant, des classes de dessin ? Voyez ! grâce aux salles d'asile, aux crêches, aux maisons où peuvent se réfugier vos femmes prêtes d'accoucher ; grâce aux ateliers que l'on s'étudie à rendre plus salubres ; grâce à l'hygiène mieux entendu des maisons que vous habitez ; la moyenne de la vie humaine augmente. Si vous n'aviez pas les cabarets, cette plaie du peuple, savez-vous si cette moyenne n'augmenterait pas encore d'une manière sensible? Et ce que l'on a fait pour vous n'est rien, auprès de ce qu'on est disposé à faire encore. Mais il faut, de votre côté, y mettre un peu de bonne volonté. Il faut avoir, pour cette société, un peu d'indulgence. Il ne faut pas croire que le bien s'improvise. Il s'accomplit lentement, comme tout progrès. Quand votre montre avance ou retarde, ou s'arrête, la brisez-vous pour en refaire une autre? Non. Vous la confiez à un horloger intelligent, qui la répare, qui la perfectionne. Un rouage à changer, une chaîne à raccourcir, moins que rien, et, de mauvaise, la montre redevient meilleure. La société est comme votre montre. Pourquoi la briser, si le changement d'un rouage suffit pour qu'elle s'améliore? Ayez patience. Aidez-nous. Soyez confiants. Ne maudissez personne. Ne criez pas : Plus de riches! Les riches partis, ou tués, ou pillés, qui consommera les produits de votre travail? Que deviendront les carrossiers, les selliers, les marchands de chevaux, les marchands de meubles, les tailleurs, ceux qui façonnent l'or, l'argent, les diamants? Et les artistes, ces pauvres travailleurs comme vous, peintres, graveurs, sculpteurs, ciseleurs, musiciens, qui vivent de leur pinceau, de leur burin, de leur voix? Le luxe les nourrit, le riche les fait vivre, et quand le riche achète leurs statues, leurs tableaux, leurs gravures, le peuple est encore admis à jouir de ces statues, de ces tableaux, de ces gravures, comme s'il les payait. Ah! croyez-nous! Personne n'exploite personne. S'il y a des riches avares, il y a des ouvriers paresseux. Qui n'a pas ses défauts, ses vices, ses passions, en haut comme en bas? Pardonnons-nous donc, les uns aux autres, ces défauts, ces vices, ces passions. Tout le monde a besoin de tout le monde. Cette montre dont nous vous parlions tout à l'heure, ôtez-en un rouage, et tous les autres rouages deviendront inutiles. Qu'un seul s'arrête, et la montre ne marchera plus. Ainsi de la société.

Mais vous dites : Pourquoi n'est-ce pas moi qui suis le riche ? Mon Dieu, c'est un malheur sans doute. Un malheur, — ou un bonheur peut-être. Riche ou pauvre, dîne-t-on plus d'une fois par jour ? Et ce dîner, qu'il coûte 20 sous ou 20 francs, lequel des deux le prend d'un appétit meilleur ? Lequel dort d'un sommeil plus profond ? Lequel a plus de soucis? Lequel, plus de gaîté ? Si on leur dévoilait une à une toutes les misères de la richesse, qui sait si les pauvres ne demanderaient pas à rester pauvres? D'ailleurs, riche, tout le monde ne peut pas l'être. Si tout le monde était riche, tout le monde serait pauvre, et la société périrait. Personne ne voudrait plus travailler. Or, personne ne produisant, personne ne consommerait. Et puis, est-ce que le travail déshonore? Est-ce qu'il ne conduit pas à tout? Quelles sont les carrières qui sont aujourd'hui fermées à quelqu'un? Tous les hommes n'ont pas la même intelligence, les mêmes instincts, la même activité, le même bonheur : mais tous enfin ont le droit, l'espoir, la possibilité d'arriver à tout. Regardez d'où sont partis la plupart de ceux qui sont en haut à cette heure. Ils sont partis d'en bas, ils ont été ouvriers, ils ont porté la blouse avant de porter l'habit, et l'Assemblée Nationale elle-même compte deux ouvriers dans sa vice-présidence.

Vous voyez bien que la société n'est pas si mauvaise qu'on vous le dit. D'ailleurs, cette pauvre société, à l'heure qu'il est, qu'est-elle devenue? Le travail manque, l'usine chôme, la boutique est déserte, la ruine est partout. Une misère effrayante désole le pays. Les riches, qui vous faisaient vivre, sont devenus pauvres. Les étrangers ont fui la France. Et vous, vous qui avez besoin de travail pour avoir du pain, vous n'avez plus ni pain, ni travail. Où sont donc ces Socialistes qui vous ont promis tant de choses, et qui vous abandonnent, après vous avoir fait perdre le peu qui vous restait ? Ouvriers, ne leur permettez pas de déserter ainsi votre cause. Prenez-les par la main, et dites-leur : Nous voulons savoir s'il est vrai que vous nous ayez trompés. Vous nous avez fait écrire le mot *Socialisme* sur notre drapeau, nous voulons savoir si le Socialisme est une vérité ou un mensonge, si ce drapeau nous conduisait au bonheur ou à la misère. Vous nous avez dit qu'il n'y aurait plus de pauvres : nous sommes pauvres, et nous voulons être riches. Vous nous avez dit qu'il n'y aurait plus d'exploitation de l'homme par l'homme; nous ne voulons plus être exploités par personne, même par vous.

Socialistes, une solution, s'il vous plaît !

Et comme le Socialisme ne vous donnera pas à manger; et comme le Socialisme ne guérira aucune de vos misères; et comme il y aura toujours des riches et des pauvres, des forts et des faibles, des intelligents et des ignorants; et comme les sociétés, qui mettent des siècles à se former, ne se refont pas en un jour; en attendant que le Socialisme, mis en demeure, devant l'Assemblée Nationale, de dévoiler tous ses secrets, se mette enfin à l'œuvre et renouvelle la face de la terre ; Ouvriers, vous qui êtes sages, vous qui êtes honnêtes ; vous qui rougiriez d'être confondus avec des repris de justice ; vous qui avez des femmes et des enfants qui ont faim ; laissez-là les clubs et les journaux qui vous prêchent des chimères, et revenez aux bonnes vieilles réalités d'autrefois, l'ordre, le travail, l'économie, le contentement de soi-même, la soumission aux lois. Quittez l'agitation de la rue pour le calme de l'atelier. L'atelier est fermé encore, mais demain, si vous le voulez, il va se rouvrir. Qui sait ? Si le calme renaissait, si le tablier de travail remplaçait le harnais de guerre, si le bruit du marteau faisait taire le bruit du fusil, les étrangers reviendraient peut-être nous apporter leurs commandes. Nous retrouverions peut-être encore quelques riches, pas trop ruinés, qui consentiraient à racheter des voitures, des chevaux, des bijoux, à construire des maisons, à meubler des appartements, à aller au spectacle et à donner des bals. La voiture qu'un riche achète ne promène qu'un riche : mais elle fait vivre trente ouvriers pendant trois mois. Ainsi d'un bal, ainsi d'un dîner, ainsi d'un spectacle.

Et pendant ce temps, Ouvriers, l'Assemblée Nationale que vous avez nommée, car vous êtes tous électeurs, s'occuperait de vous. Elle en a un désir immense. Seulement, messieurs les Socialistes l'ont effrayée. Elle a vu l'abîme, et elle ne veut pas que vous y tombiez avec elle. Mais tout ce qu'elle pourra accomplir de juste et de possible, comptez sur elle, elle le fera.

Si on voulait s'entendre, le programme serait bien simple. Les trois âges de la vie auraient leur part :

Jeunesse. Instruction pour tous.

Age mûr. Associations volontaires par groupes de travailleurs.

Vieillesse. Pensions de retraite pour les pauvres et pour les infirmes.

Et puis, comme le monde marche toujours, comme le progrès engendre le progrès, toutes les autres améliorations viendraient ensuite.

En attendant, voici juillet. Dans quinze jours, ce sera la moisson. Les chemins de fer et les canaux ne sont pas terminés. Beaucoup de produits manquent, car, depuis quatre mois, on consomme sans produire. Nous avons tous perdu bien du temps. Laboureurs, si nous retournions à nos charrues ?

Moissonneurs, à nos moissons ?

Mécaniciens, à nos machines ?

Forgerons, à nos forges ?
Chauffeurs, à nos fourneaux ?
Mineurs, à nos puits ?
Filateurs, à nos métiers ?
Imprimeurs, à nos presses ?

Nous donnerions le temps aux Socialistes de s'entendre, d'expérimenter leurs systèmes, et de faire, *pour l'année prochaine*, notre bonheur à tous.

Ouvriers, qu'en pensez-vous ?

AMÉDÉE GRATIOT

Directeur de la Papeterie d'Essonne.

Juillet 1848.

LIBRAIRIE DE GUILLAUMIN ET Cᵢₑ

—

DU MÊME AUTEUR

ORGANISEZ LE TRAVAIL, NE LE DÉSORGANISEZ
PAS. — Première Lettre aux Ouvriers. 1ʳᵉ édition, brochure in-8.   50 c.

La même, 3ᵉ édition, brochure in-18.   25 c.

—

DÉMOCRATIE INDUSTRIELLE, par Ch. Laboulaye.
1 vol. in-12, format anglais.   3 fr.

QUESTIONS DES TRAVAILLEURS. L'Amélioration
du sort des Ouvriers, les Salaires, l'Organisation
du Travail ; par M. Michel Chevalier. Brochure
in-18.   50 c.

DU SYSTÈME DE M. LOUIS BLANC, ou le Travail,
l'Association et l'Impôt ; par Léon Faucher, re-
présentant du Peuple. 1 vol. in-18.   75 c.

LE SOCIALISME, C'EST LA BARBARIE, Examen
des Questions sociales qu'a soulevées la Révolu-
tion de février, par A.-E. Cherbuliez. Brochure
in-8.   3 fr.

—

Imp. de Gustave GRATIOT, 11, rue de la Monnaie.